Collection
HANNIET

Education civique

J.-P. Hanniet
Instituteur, Maire, Conseiller général, Conseiller régional

C. Barbe
Inspecteur départemental de l'Education nationale

Ph. Machu
Directeur d'école

F. Merlette
Institutrice

M. Ledieu
Psychologue scolaire

V. Hanniet
Licencié en informatique

Illustrations de
Nathalie Hébert

CE 1. CE 2

Bordas

Sommaire

CE1 — CE2

© Bordas, Paris, 1987
ISBN 2-04-016813-3

Programme

Les règles de la vie commune s'accompagnent d'une prise de conscience plus claire de leur justification. Une connaissance des institutions est esquissée.

Présentation, dans le cadre de la vie scolaire, des notions de personne, de propriété (le mien, le tien, le nôtre), de contrat. La patrie : unité et identité nationales. La devise républicaine : liberté, égalité, fraternité. Le droit de vote et le suffrage universel. Le territoire national, le Président de la République, les ministres, les députés et sénateurs. La commune, le maire et les conseillers municipaux. L'école.

Préface

Ce livre, conforme aux instructions officielles d'avril 1985, est conçu pour l'élève.

Nous avons voulu qu'il y puisse :
— découvrir et comprendre progressivement *la démarche générale* que nous avons choisie,
— acquérir à travers chaque *leçon* un certain nombre de connaissances,
— cultiver une volonté de comprendre les règles de la vie commune par *le dialogue* et la confrontation avec le maître, ses camarades, ses parents.

Démarche générale

Nous avons choisi de diviser le livre en trois parties distinctes, ponctuées par des dossiers.

La première partie vise à faire réfléchir l'enfant sur sa place, son rôle, ses droits et devoirs dans la vie journalière, scolaire et communale. Le dossier 1 suscite un travail collectif sur la commune.

La seconde vise à lui faire découvrir l'importance du vote, les collectivités locales et la nation. Le dossier 2 incite à la connaissance des élus.

La troisième vise à lui donner quelques idées simples sur le fonctionnement des institutions nationales. Le dossier 3, « Connaître la Loi », les récapitule.

Les leçons

Chacun des 19 thèmes est traité pour le CE1 et pour le CE2. Par thème, ces leçons se complètent.

Le choix est laissé au maître d'adopter la progression proposée ou de traiter en CE1 la première partie du livre et en CE2, les deux dernières.

Chaque leçon est très classiquement composée autour d'une image d'appel permettant le débat, d'informations complémentaires, d'un texte résumant les notions à acquérir et d'exercices.

Ces exercices visent généralement à inciter aux échanges, à rechercher une réponse donnée dans la leçon, à illustrer par des collages ou un dessin une notion précise.

Nous souhaitons que le maître incite à la tenue d'un cahier d'éducation civique personnel où chaque élève pourra regrouper ses dessins, ses textes éventuels, ses collages...

Le dialogue

Il nous apparaît comme la base de l'éducation civique car il suppose le respect des idées de l'autre.

Les images d'appel y incitent ainsi que la forme de certaines questions des exercices.

La discussion sera l'essentiel de la leçon pour certains thèmes qui font appel à la notion de responsabilité ou qui visent à la prise de conscience de la nécessité de règles communes adoptées par tous.

Le dialogue aide à former des élèves (des citoyens...) actifs et responsables.

En guise de conclusion

L'éducation civique a des implications morales que n'ont pas d'autres matières. Elle suppose l'apprentissage de la responsabilité personnelle, l'apprentissage de droits mais aussi de devoirs.

Elle doit susciter le respect de toutes les opinions mais aussi le souci d'une information diversifiée.

Elle doit aider à la formation de citoyennes et de citoyens sachant justifier leur choix au moment du vote.

Ce sont ces préoccupations de fond qui ont guidé notre travail.

Sur le plan pédagogique, nous avons voulu un livre clair, attrayant, qui donne à l'enfant le désir de le montrer à ses parents et d'en parler avec eux.

Les auteurs

N.B. *Les auteurs remercient toutes les personnes qui les ont aidés à élaborer cet ouvrage, en particulier Madame Colette Debon et Monsieur Alain Benedetti.*

1 Si c'était toi qui étais perdu, saurais-tu répondre ?
— Que dois-tu savoir pour répondre à la question posée ?
— Pourquoi est-ce important de savoir répondre ?

1 Qui suis-je ? J'ai un nom, une adresse.

2 — Qui habite à Sète ?
— Que sais-tu de Sylvio ?
— Où habite Sandra ?
— Quelles autres informations sont nécessaires pour leur adresser une lettre ?

La bonne adresse

3 Dis où arrivera chacune de ces lettres.

Si tu écris à l'étranger, il faut ajouter le nom du pays où habite la personne à qui tu écris.

Dans une grande ville il faut écrire le nom de la rue et le numéro de la maison dans cette rue. Parfois, il faut aussi noter le nom du bâtiment et le numéro de l'escalier dans ce bâtiment.

Dans un petit village il y a peu de rues, peu de maisons. Le facteur connaît tout le monde, l'adresse des habitants de ce village est simple.

Comprenons bien

Ton nom,
ton prénom habituel, tes autres prénoms,
ton adresse,
font de toi une personne unique.

Ces renseignements seront marqués plus tard sur ta carte d'identité. Cette carte te permettra de ne pas être confondu avec une autre personne.

Chaque personne a une identité*.

* Ce signe t'indique que le mot est expliqué dans le lexique pages 94-95.

Exercices

● Interroge les camarades qui ont le même prénom que toi. Ont-ils le même nom de famille ?

● Tu as sans doute plusieurs prénoms. Quels sont-ils ? (Tu peux interroger tes parents.)

● Sur ton cahier, colle une photo de toi, écris ton nom, tes prénoms et ton adresse.

5 milliards d'êtres humains
55 millions de Français

1 Dans quel pays vis-tu ? Quelle est ta nationalité* ?
Donne le nom d'autres pays que tu connais.

2 Qui suis-je ? Chaque enfant a droit à un nom.

Les droits de l'enfant

Droit à l'égalité, sans distinction de race, de religion ou de nationalité.

Droit à un nom et à une nationalité.

Droit à une alimentation, à un logement et à des soins médicaux appropriés.

Droit à la compréhension et à l'amour des parents et de la Société.

Droit à l'éducation gratuite et aux activités récréatives.

Droit à une protection contre toute forme de cruauté, de négligence et d'exploitation.

2 L'Organisation des Nations Unies (O.N.U.) essaie d'aider les enfants qui vivent dans des pays
où règnent la misère et la faim. Elle a adopté en 1959 la Déclaration des Droits de l'Enfant.

Les documents d'identité

FICHE INDIVIDUELLE D'ÉTAT CIVIL
et de nationalité française (1)

dressée en application du décret du 26 Septembre 1953
modifié par le décret du 22 Mars 1972 et 15 Mai 1974
(Journal Officiel du 18 Mai 1974)

NOM (2)   KLEBANER
Nom de jeune fille pour les femmes mariées, veuves ou divorcées

Prénoms   Nicole Léone
Au complet dans l'ordre de l'État Civil

Née le   7 décembre 1942
Le mois doit être inscrit en toutes lettres

MARSEILLE (Bouches du Rhône)
Commune et Département. Pour Paris, Lyon et Marseille indiquer l'arrondissement

KLEBANER Bernard
Nom et prénom du père (3)

de   HERSZBAIN Golde-Mindel
Nom et prénom de la mère (3)

Époux☐ Épouse☒ Veuf☐ Veuve☐ Divorcée☐ de (3) (4)   WEGLINSKI

Nom du conjoint ou de l'ex-conjoint (2)

NOM   K L E B A N E R   EPOUSE W E G L I N S K I

Prénoms   NICOLE LÉONE

Né le   7 DÉCEMBRE 1942
à   MARSEILLE
   BOUCHES DU RHONE

NATIONALITÉ FRANÇAISE

Taille   1M 60
Signes   °°°
particuliers
Domicile   160, AVENUE LEDRU ROLLIN
   PARIS 11

Signature du titulaire   *Nicole Weglith*

Fait le   7 MAI 1981
par

---

3 Fiche d'état-civil. Lors de ta naissance, tu as été déclaré à la mairie. On a établi ton acte de naissance et tu as été inscrit sur le livret de famille de tes parents. Que t'apprend la fiche d'état-civil ?

4 Carte nationale d'identité. Que t'apprend la carte d'identité ?
Retrouve-t-on les mêmes renseignements sur la fiche d'état-civil et sur la carte d'identité ? Quelles sont les différences ?

Comprenons bien

Tu n'as pas à la fois la même taille, la même silhouette, la même couleur de cheveux que tes camarades. Tu peux trouver d'autres différences.

C'est vrai : il n'y a pas deux personnes identiques parmi tous les êtres humains.

Cependant, chaque individu fait partie d'un ensemble de personnes qui souvent parlent la même langue, habitent le même pays, forment une même nation*.

Ce signe t'indique que le mot est expliqué dans le lexique pages 94-95.

Exercices

● Demande à tes parents de consulter leur livret de famille pour pouvoir établir ta fiche d'état-civil sur ton cahier.

● Colle sur ton cahier un avis de naissance (faire-part ou annonce dans la presse). Avec ces renseignements peux-tu établir la fiche d'état-civil du nouveau né ? Si non, que te manque-t-il ?

1 Fais-tu ces gestes souvent ? Pourquoi ?
— Pour faire plaisir à tes parents ?
— Pour éviter les maladies ? — Pour être en bonne santé ?

3 A la maison : je prends soin de mon corps.

Des conseils simples

attention au pou...

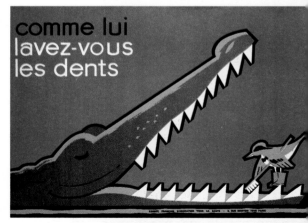

comme lui lavez-vous les dents

2 As-tu déjà eu des poux ? Tu peux en avoir un jour car les poux se transmettent d'une personne à une autre.
Il faut surveiller tes cheveux et les laver régulièrement.

3 Tu prends soin de tes dents en le brossant après chaque repas.
Il faut aussi aller chez le dentiste a moins une fois par an. Lui seul pourra t soigner si tu as une carie.

De bonnes règles de vie

4 Cette famille prend l'air. Elle se maintient en forme.

5 Cet enfant prend un petit déjeuner copieux et équilibré. Il commence bien sa journée.

6 Cet enfant a bien rangé sa chambre. Il trouve facilement ses affaires.

7 Ce garçon aide sa maman à faire le ménage. La maison est propre.

Comprenons bien

Après un bain ou une douche, quand tu es coiffé, que tu t'es habillé, tu es propre et tu te sens bien. C'est agréable pour toi et pour les autres.

Se laver est également important pour éviter d'attraper des maladies ; tu dois régulièrement te brosser les dents et te laver les mains.

D'autres habitudes permettent de se sentir bien : bien dormir, avoir une bonne alimentation...

Tout cela fait partie de l'hygiène. L'hygiène c'est tous les soins qui permettent de conserver une bonne santé.

Exercices

● Interroge tes grands-parents. Quand ils étaient enfants, avaient-ils autant de facilité pour se laver ?

● Dessine tes objets personnels de toilette.

● Pourquoi est-ce important de prendre soin de son corps ?

Pourquoi l'armoire à pharmacie était-elle fermée à clé ?
Pourquoi le petit garçon pleure-t-il ?
Quel est le danger pour ce bébé ?

1

4 A la maison :
j'évite les dangers.

Danger : produits toxiques

2 Quelques produits toxiques.

Beaucoup de produits ménagers so
toxiques : ils peuvent provoquer des empoiso
nements ou des brûlures.

Les produits très toxiques sont signalés p
une croix.

Certains sont inflammables : ils peuvent expl
ser si on les approche d'une source de chale

En règle générale ne touche pas à ces produi
sauf en présence d'un adulte et sous sa surve
lance. Tes parents t'apprendront à t'en servir.

Des causes d'accidents

3 Quels accidents ces enfants risquent-ils ?
Quels autres dangers tes parents t'ont-ils signalés chez toi ?

Comprenons bien

La publicité vante des outils, des appareils électriques qui rendent plus faciles certains travaux.

Tu peux te couper ou te brûler gravement si tu ne respectes pas les règles d'emploi et de sécurité.

N'utilise jamais ces appareils sans l'aide d'une grande personne. Veille également à la sécurité des autres enfants en les prévenant des dangers possibles.

Exercices

● Recopie sur ton cahier le numéro de téléphone de la gendarmerie (ou de la police) et du médecin de ta famille.

● Etablis la liste des informations à donner si tu devais appeler un médecin (nom, adresse...).

● Etablis avec ton maître une liste de produits dont il faut se méfier.

1 Classe ces enfants en deux groupes :
— ceux qui sont prudents ;
— ceux qui sont imprudents.

5 Sur le chemin de l'école : je suis un piéton prudent.

2 Dis à quel dessin se rapporte chacune des légendes ci-dessous.

1. Je fais attention aux voitures avant de traverser.

2. Quand je suis seul sur une route de campagne, je marche face aux voitures, sur le côté gauche de la route.

3. J'ai un autocollant réfléchissant pour qu'on me voie bien la nuit.

3 Pour traverser une rue, il faut, même sur des passages protégés, respecter les signaux. Pour chaque dessin, dis si tu peux ou non traverser.

Comprenons bien

Voici des conseils que tu as déjà entendus pour ne pas avoir d'accident sur le chemin de l'école :

« Fais attention aux voitures »

« Marche sur le trottoir »

« Avant de traverser regarde d'abord à gauche, puis à droite et à nouveau à gauche »

En suivant ces conseils, tu es prudent et tu te déplaces en sécurité.

Si tout le monde était prudent et respectait les feux, les panneaux, les règles du code de la route, il y aurait moins d'accidents et moins de blessés.

Exercices

● Demande à tes camarades les précautions qu'ils prennent sur le chemin de l'école.

● Demande à tes parents d'autres conseils pour circuler en sécurité et fais-en la liste sur ton cahier.

● Dessine sur ton cahier le panneau qui indique aux automobilistes qu'il y a une école à proximité et qu'ils doivent faire très attention.

1 Voici une voiture de cinq places, pour cinq passagers.
Les voyageurs sont-ils en sécurité ?
Quelles sont les fautes commises ?

6 Sur le chemin de l'école : je suis un bon passager.

Ces enfants sont, les jours de classe, des passagers du car scolaire. Voici des règles simples qu'ils appliquent pour éviter les accidents :

— se ranger avant de monter ;
— ne pas parler au conducteur ;
— attendre l'arrêt complet du car avant de descendre ;
— s'asseoir et rester assis.

Classe ces règles dans l'ordre où elles s'appliquent.
S'il arrivait un accident, les enfants ne devraient pas s'occuper de leur cartable. Pourquoi ?

2

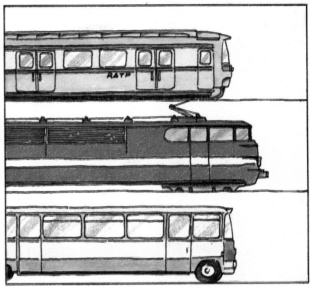

3 Ces panneaux rappellent des règles de sécurité.

4 Dans quels moyens de transport trouve-t-on les panneaux ci-contre ?

Quand je roule à bicyclette :

— je laisse toujours le plus grand espace possible entre une auto et ma bicyclette ;

— je signale un changement de direction en tendant mon bras du côté où je tourne ;

— je m'arrête au feu rouge comme les autos, ne pas m'arrêter me mettrait en danger ;

— je ne fais pas de slalom entre les voitures ;

— si la route est encombrée, je n'ai pas honte de descendre et de continuer à pied en poussant ma bicyclette sur le trottoir, parmi les piétons.

5

Comprenons bien

Les voitures, les trains, les métros transportent chaque jour de très nombreux passagers.

Ils voyagent en sécurité grâce à toutes celles et tous ceux dont le métier est d'aider les gens à circuler dans de bonnes conditions.

Cependant, la sécurité de tous dépend aussi de la conduite de chacun.

Tu es le premier responsable de ta sécurité : fais toujours très attention aux autres et à toi-même.

Exercices

● Cherche des jeux calmes pour les longs trajets en voiture et notes-en quelques-uns.

● Dessine les panneaux qui se trouvent dans les cars scolaires ou dans le métro.

● A quoi sert une ceinture de sécurité dans une voiture ?

● Quelles sont les personnes qui assurent la sécurité sur la route ?

1 Dans cette classe maternelle, aucun enfant n'est semblable à un autre. En quoi sont-ils différents ?
Que font-ils ensemble ?

7 **Mes camarades :** ensemble et différents.

2 La grande fille est-elle obligée de défendre le petit garçon ?
Pourquoi le fait-elle ?

3 La religion d'Hamid lui interdit de manger du porc.
Tu invites Hamid chez toi : imagine un menu.

16

n France Au Japon En Tunisie

4 Le Français, le Japonais, le Tunisien jouent au même jeu. Ils expriment la même idée : « je joue », mais ils l'écrivent chacun dans leur langue. Cite des actions faites par tous les enfants du monde.

Comprenons bien

Dans la classe, nous sommes tous différents et cependant nous vivons ensemble.

Nous sommes différents par notre taille, notre couleur de peau, de cheveux, notre religion, nos manières de manger et bien d'autres choses.

Cependant nous sommes tous égaux malgré nos différences. Nous apprenons à vivre ensemble en respectant ces différences.

Dans le monde, bien qu'ils parlent et écrivent des langues différentes, les hommes et les femmes ont les mêmes besoins : se nourrir, se vêtir, se loger.

Exercices

● Demande autour de toi, dans ta famille, parmi tes amis, qui a appris une langue étrangère à l'école. Laquelle ? Pourquoi ?

● Colle sur ton cahier une recette de cuisine d'un pays étranger.

● Ecris sur ton cahier « je joue » en japonais et en tunisien.

1 La classe va commencer...
Certains élèves sont prêts à rentrer en classe, d'autres ne le sont pas. Que font-ils ? Pourquoi ?

8 Mes camarades : l'école, un jeu de société.

Nous nous informons

2 Dans le groupe nous écoutons les autres, nous échangeons nos informations, nous apprenons beaucoup de choses.
Quand nous ne sommes pas d'accord nous expliquons pourquoi.

3 Pour être informé il faut lire les affiches, les journaux.
Il faut regarder autour de soi, écouter les autres et poser des questions pour mieux comprendre.

Nous nous organisons

	SANDRA	TONIO	PIERRE	LAÏLA	MARIE
TABLEAU CLASSE		X			
PAPIERS COUR CLASSE	X		X		
RANGER LE MATÉRIEL					X
BOITE A IDÉE				X	
BIBLIO-THÈQUE (B_C.D)		X	X		

4

Ce tableau organise des services que des élèves peuvent rendre en classe.

. Que fait Sandra ?
. Que fait Laïla ?
. Qui s'occupe de la bibliothèque ?
. Qui ramasse les papiers dans la cour ?
. Quels sont les services où l'on est seul ?
Où l'on est à deux ?

5

Voici quelques conditions pour que des élèves s'organisent en groupe :

1. Se connaître.
2. Pouvoir se rencontrer et se parler.
3. Avoir un projet en commun.
En connais-tu d'autres ?

Ces élèves décorent leur école.

Comprenons bien

L'école est une petite société* : elle rassemble des enfants qui vivent dans un groupe organisé.

Ces enfants sont tous différents mais ils ont les mêmes droits, et obéissent aux mêmes règles.

Dans certaines écoles, ils organisent la vie de la classe avec leur maître, et la vie de l'école avec les autres classes.

Exercices

● Dans certaines écoles, des élèves réalisent un journal qui raconte leur vie de classe, leurs expériences, leur travail. Ce journal est imprimé et distribué ou vendu aux parents, aux correspondants. Aimerais-tu avec tes camarades et ton maître réaliser un journal de classe ? Pourquoi ?

● Etablis la liste de ce que tu peux faire avec tes camarades pour embellir ta classe.

1 Le garçon dit « C'est mon cahier, il est à moi, c'est le mien ». Que peut dire la fille en parlant de l'ardoise que sa mère lui a achetée ?

9 En classe : le mien, le tien et le nôtre.

Mes affaires personnelles

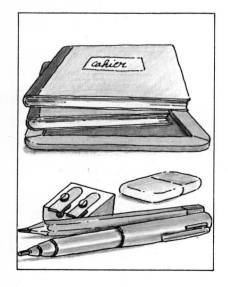

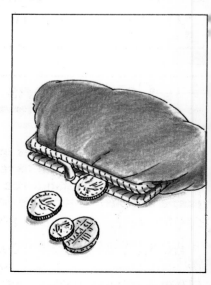

2 Qu'a acheté la maman de Louis pour son fils ?

3 Quel cadeau as-tu reçu pour ton dernier anniversaire ?

4 As-tu déjà acheté quelque chose pour toi-même ?

Les affaires collectives

5 Le magnétophone sert à tous. A qui appartient-il ?

6 Les livres de la bibliothèque sont-ils à toi ?

7 Que se passera-t-il si tout le matériel est cassé ?

8 Des objets ont disparu. A qui manqueront-ils ?

Comprenons bien

Les vêtements, les objets qui sont achetés pour toi, les cadeaux que tu reçois, les achats personnels que tu fais avec ton argent de poche t'appartiennent. Ce sont tes affaires personnelles. Elles sont ta propriété.

Les livres de la bibliothèque, le matériel de gymnastique, certains appareils de la classe n'appartiennent à personne en particulier. Ce sont des affaires collectives*. Elles sont sous la responsabilité de tous les élèves.

On doit prendre autant soin des affaires collectives que de ses affaires personnelles.

Exercices

● Nomme trois objets :
— que tu as achetés (ou que tes parents t'ont achetés) ;
— dont on t'a fait cadeau.
Sont-ils ta propriété ?

● Etablis une liste de cinq objets de ta classe qui sont sous la responsabilité de tous les élèves.

1 Avant la séance de marionnettes, le maître s'est entendu avec le marionnettiste sur la date et le prix de la représentation : il a établi un contrat avec lui.

10 **En classe :** le contrat.

Les contrats oraux

Tu te mets souvent d'accord avec des camarades pour organiser des jeux, échanger des objets, prêter tes jouets personnels, emprunter les leurs.
Ces accords ne sont pas écrits : ce sont des contrats oraux.
Chacun fait confiance à l'autre et ne triche pas.
Recherche dans l'image les contrats oraux que les enfants ont passés entre eux.

2

Les contrats écrits

Dans certaines classes, à certaines heures, les élèves travaillent à leur gré en suivant un plan de travail.

Ce plan de travail a été discuté avec le maître. L'élève s'engage à le suivre, le maître à apporter son aide (en cas de besoin) et à le corriger.

3 Le plan de travail est un contrat écrit entre le maître (la maîtresse) et l'élève.

Plan de travail individuel

Bertrand — CE1

Semaine du 18 au 23 janvier

Expression écrite :
Texte : L'anniversaire de papa
Fiches : 35 - 36 - 37. Test 8

Lecture :
Fiches : B2 - B5
Je lis : Un jour affreux

Mathématiques :
Opérations : 53 - 58 - 65
Problèmes : B14 - B39

Ateliers :

	L	M	J	V
Dessin	×			
Bibliothèque		×		×
Expériences			×	
Informatique	×			
Contes				
Audio-visuel				

4 Que doit faire Bertrand ?
Avec qui a-t-il passé ce contrat ?
Qu'arriverait-il s'il ne le respectait pas ?

Comprenons bien

Quand deux personnes au moins se mettent d'accord pour faire quelque chose ensemble, elles établissent un contrat entre elles.

C'est un contrat oral.

Ces deux personnes ont confiance l'une envers l'autre. Elles respecteront les règles qu'elles se sont données, les promesses qu'elles se sont faites.

Plus tard tu signeras des contrats écrits comme des contrats de travail, des contrats d'assurances...

Exercices

● Cite trois ou quatre exemples de contrats que tu as remplis.

● Quels contrats tes parents ont-ils déjà signés parmi ceux-ci :

— contrat de vente
— contrat d'assurances
— contrat de travail
— contrat de garantie

● Demande-leur de t'expliquer à quelle occasion ils ont été amenés à signer ces contrats.

1 La cour de récréation est un endroit où tous les enfants doivent pouvoir jouer seuls ou en groupe.
Tous les enfants jouent-ils ? Pourquoi ?

11 Jouer ensemble : je joue, il joue, nous jouons.

Le jeu et la sécurité

2 Quels dangers ces enfants courent-ils ?
Quelles précautions devraient-ils prendre pour jouer en toute sécurité ?

Une cour aménagée pour les jeux

Dans quelle zone pourrais-tu :
— dessiner une marelle ;
— jouer à la passe à dix ;
— bavarder tranquillement ;
— jouer à grimper ;
— jouer à cache-cache.

3 Avec tes camarades, essaie d'organiser l'espace de la cour de ton école pour que chacun ait un endroit où jouer.

Comprenons bien

Pendant la récréation, tu as déjà été bousculé par des camarades qui couraient à travers la cour. Tu n'étais pas content.

Chacun doit pouvoir jouer seul ou en groupe selon son envie.

Les élèves peuvent s'organiser pour utiliser ensemble la cour en respectant les jeux de chacun. Ils peuvent créer, par exemple, des coins pour chaque jeu.

Exercices

● Demande à tes parents quels étaient leurs jeux préférés quand ils allaient à l'école.

● Connais-tu des jeux qui ne présentent pas de danger ? Lesquels ?

● Quelles règles dois-tu respecter quand tu joues dans une cour d'école ?

1 Comment distingue-t-on les deux équipes ?
Quels sont les rôles des différents joueurs ?
L'arbitre siffle, pourquoi ?

12 Jouer ensemble :
des équipiers, un arbitre.

2 A ton avis, que s'est-il passé entre ces deux moments ?

3 Un match de rugby.
Quel est le rôle de chaque enfant ?
Pourquoi un des enfants est-il assis ?

Quels sont les sports représentés sur le dessin ci-contre ?

Ecris leur nom sur ton cahier en t'aidant de la liste suivante :

4 Basket-ball — Football — Karaté — Boxe — Pétanque — Tennis — Tennis de table — Rugby — Voley-Ball — Handball — Natation — Tir à l'arc.

Comprenons bien

Un sport collectif est un sport dans lequel deux équipes jouent l'une contre l'autre.
Chaque joueur aide son équipe à gagner.

Le jeu n'est possible que si chaque joueur connaît et observe les règles du jeu, respecte ses équipiers, ses adversaires et les décisions de l'arbitre.

L'arbitre sanctionne les joueurs qui jouent brutalement ou qui ne respectent pas les règles du jeu.

Exercices

● Avec l'aide de ton maître ou de ta maîtresse, note les principales règles d'un jeu collectif.

● Quels sont les rôles de l'arbitre dans un sport collectif ?

● Fais un dessin pour représenter le sport collectif que tu préfères.

1 Pour bien travailler, il faut des règles que tout le monde respecte comme on respecte les règles d'un jeu. Ces élèves établissent avec leur maître des règles pour leur classe. De quoi peuvent-ils parler ?

13 L'école : des classes, un règlement.

Trois règles de vie d'une classe

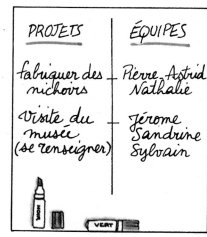

A quels dessins s'appliquent les règles suivantes :

1. Si j'ai une idée, je l'inscris sur le panneau des projets.
2. Quand je vois la maîtresse ou un camarade lever les deux bras, je lève aussi les miens et me tais aussitôt : le silence revient rapidement.
3. Au moment de sortir, pour aider la femme de service, je place ma chaise sur ma table.

2

Le règlement intérieur d'une école

RÈGLEMENT INTÉRIEUR

Art. 1 : Doivent être présentés à l'école élémentaire les enfants ayant 6 ans révolus au 31 décembre de l'année en cours...

Art. 2 : L'école est ouverte de 8 h 30 à 11 h 30 et de 13 h 30 à 16 h 30.

Art. 5.1 : Les enfants se présenteront à l'école dans un état de propreté convenable...

Art. 5.2 : Ils éviteront d'apporter à l'école, sans nécessité particulière, des objets dangereux ou susceptibles d'occasionner des blessures (bouteilles, pistolets,...).

Extrait du règlement intérieur d'une école.

Les conditions d'inscription.

Les horaires.

La liste des objets interdits dans l'école.

Les conditions d'hygiène.

3 Ce qu'on trouve dans le règlement d'une école.

Comprenons bien

Les enfants qui jouent ensemble, les habitants des H.L.M. qui vivent ensemble, les ouvriers d'une usine qui travaillent ensemble respectent des règles pour pouvoir jouer, vivre et travailler.

Ces règles sont souvent écrites. Chaque règle est écrite sous forme d'un article.
L'ensemble des articles forme le règlement.

Chaque école a un règlement intérieur. Il est affiché.

Exercices

● Donne la règle d'un jeu de société simple, comme le jeu de l'oie. Compte et lis les articles qui forment la règle du jeu.

● Interroge un adulte sur le règlement de son lieu de travail.

● Y a-t-il des articles que toi et tes camarades voudraient ajouter au règlement de la classe, de l'école ? Lesquels ?

1 Le conseil d'école réunit chaque trimestre les maîtres, des parents, le maire et des personnes qui s'occupent des enfants. Ils discutent des problèmes de l'école.

14 L'école : l'affaire de tous.

Les parents et l'école

2 Le papa de Jean est potier : il anime un atelier argile dans l'école de son fils. Les échanges avec les familles enrichissent la vie de l'école.

3 Des parents volontaires surveillent les enfants qui partent en voyage scolaire.

*Le conseil d'école
est convoqué
le 14 octobre à 20h30
à l'école*

Ordre du jour

- *Organisation des
ateliers avec les parents*
- *Sécurité aux abords
de l'école*
- *Ouverture de la
bibliothèque*
- *Organisation d'une
classe verte*
- *Questions diverses*

4 Voici une convocation au conseil d'école.
Quels sont les sujets abordés ?
Pourrais-tu en proposer d'autres pour améliorer la vie de l'école ?

BIBLIOTHÈQUE

5 Une bibliothèque bien organisée peut servir à tous.
Lundi, à 9 h 30, un groupe de ta classe va en bibliothèque.
Que vont faire ces élèves ?
Comment est organisée la bibliothèque de ton école pour que chaque classe ou chaque élève puisse l'utiliser ?

Comprenons bien

Le règlement de ton école est établi par les membres du conseil* d'école.

Il prévoit ce qu'il faut faire et ne pas faire pour que chaque élève travaille et joue en toute sécurité.

Parfois il fixe les règles qui organisent les activités comme la piscine ou l'atelier informatique.

Il est affiché dans l'école.

Exercice

● Interroge tes parents :

— Ont-ils déjà rencontré ton institutrice ou ton instituteur ?

— Comment cela s'est-il passé ?

— Interviennent-ils dans des activités qui ont un rapport avec l'école ?

— Savent-ils que le conseil d'école peut les aider s'ils ont des propositions concernant l'école ?

1 L'école est un bâtiment communal : elle appartient à tous les habitants de la commune. En sortant de l'école, Olivier s'est amusé à passer devant d'autres bâtiments communaux : retrouve-les.

15 Autour de l'école : les équipements communaux.

En ville : des squares pour tous

CE SQUARE EST PLACÉ SOUS LA SAUVEGARDE DU PUBLIC

2 Un jardin public.

Il y a de nombreux squares dans les villes.
Ce sont des espaces aménagés pour la promenade, les jeux calmes.

Ces équipements communaux sont mis à la disposition de tous par la commune.

Chaque personne doit faire attention à les garder en bon état.

Pourquoi n'y-a-t-il pas de square dans les petits villages ?

Des équipements au service de la population

Foyer des anciens.

Bibliothèque.

Piscine.

Maison des jeunes.

3 Quels équipements peux-tu utiliser ?
Peux-tu les utiliser avec toute ta famille ?

Comprenons bien

Les équipements communaux sont des bâtiments ou des espaces aménagés. Ils sont publics. Ils servent à tous les habitants de la commune.

Plus la commune est importante, plus la population demande des équipements variés : stades, maisons des jeunes, crèches, parcs, squares, bibliothèques, salles de réunion, piscines...

Certains équipements sont créés pour les touristes comme les terrains de camping municipaux.

Exercices

● Dresse avec tes camarades la liste des bâtiments communaux de ta commune ou de ton quartier.

● Situe ces bâtiments sur un plan de ta commune ou de ton quartier.

● Rassemble des cartes postales qui représentent des équipements communaux.

● Connais-tu un square dans ta ville ou ton quartier ? Quel nom porte-t-il ?

1 Notre vie de tous les jours dépend de nombreux services qui sont rendus à toute la population. Recherche ceux qui sont évoqués dans ce dessin.

16 Dans mon quartier, mon village : les services publics.

2 Un service pour les enfants, souvent communal : la restauration scolaire.

Le restaurant scolaire permet aux enfants dont les parents travaillent, de déjeuner : il rend service aux parents et aux enfants.

Ce service de restauration est très souvent organisé par la mairie quand il est nécessaire.

Il n'est pas organisé partout.

Connais-tu d'autres services organisés pour les enfants ?

Ces hommes et ces femmes travaillent dans des services publics pour tous les habitants du pays. Certains assurent la fourniture de l'électricité, du gaz, de l'eau, nécessaires à la vie de tous les jours.

D'autres permettent aux hommes de communiquer en assurant la pose et l'entretien du téléphone, en transportant le courrier... D'autres encore organisent les transports par air, par rail...

3 Reconnais ceux dessinés ci-dessus et cherche dans quel service public ils travaillent.

Comprenons bien

Ta vie journalière dépend du travail de nombreuses personnes et en particulier de celles qui organisent les services* publics.

Les services publics proposent des moyens :

— de s'éclairer, de se chauffer (E.D.F.) ;
— de communiquer (P.T.T.) ;
— de voyager (S.N.C.F., AIR INTER) ;
— de se soigner...

Ces services s'adressent à tous. Ils sont payants quand on les utilise.

D'autres personnes, les fonctionnaires, assurent des services gratuits : les institu-teurs, les gendarmes, les employés de mairie, par exemple.

Exercices

● Demande à tes camarades si leurs parents travaillent dans un service public.
Qu'y font-ils ?

● Quels sont les sigles et les logos des services publics suivants : (Exemple : Electri-cité de France. Sigle : E.D.F. ; logo🅦).
  . Gaz de France
  . Société Nationale des Chemins de Fer Français
  . Postes et Télécommunications.

1 C'est le 11 novembre 1918 que se termina la Première Guerre mondiale. Tous les ans la France célèbre cette journée qui est devenue une fête nationale du souvenir. Qui assiste à cette cérémonie ?

17 Dans la commune :
les fêtes.

2 Une fête patronale. Où se déroule-t-elle ?

Dans ta famille on fête les anniversaires, les naissances, les mariages, les événements heureux et l'on se souvient des moments difficiles, des séparations douloureuses.

Les habitants d'une même commune, d'un même pays, ont aussi de nombreux souvenirs en commun.

Ils se rassemblent pour les fêter ensemble et pour montrer qu'ils font partie d'une même communauté, d'une même grande famille.

3 Une fête d'association.
Où se déroule-t-elle ?

4 Une foire aux bestiaux. C'est un jour de fête pour tous les habitants de la région.

5 Une fête religieuse. Où se déroule-t-elle ?

6 Un défilé de mardi gras. Où se déroule-t-il ?

Comprenons bien

Les habitants de chaque commune* ont leurs habitudes. Ils peuvent se rassembler pour :

— des cérémonies patriotiques* (commémorations) : le 14 juillet, le 11 novembre, le 8 mai.

— des fêtes religieuses chrétiennes, israélites ou musulmanes.

— la fête patronale (fête de la commune), qui est souvent une fête foraine.

— des fêtes associatives, organisées par les associations.

Ces fêtes se déroulent dans des lieux publics : place, stade, parc, église...

Exercices

● Avec tes camarades dresse la liste des fêtes de ta commune et des communes voisines (tu peux t'aider du bulletin municipal).

● Cherche l'origine des fêtes nationales comme le 1er mai, le 8 mai, le 14 juillet, le 11 novembre.

● Quel jour se déroule la fête de ta commune ? De ton quartier ?

1 Une fête réussie : les enfants partiront en voyage scolaire.
Qui l'organise ?
Comment les parents ont-ils participé à sa réalisation ?

18 Dans la commune :
coopératives et associations.

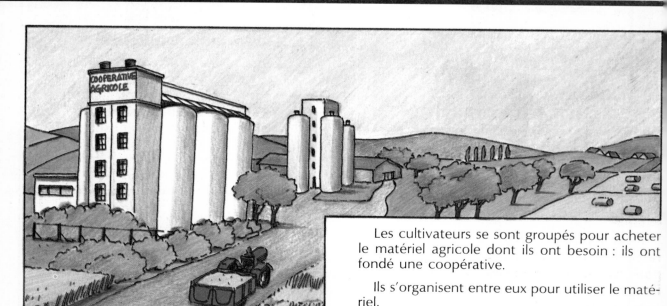

Les cultivateurs se sont groupés pour acheter le matériel agricole dont ils ont besoin : ils ont fondé une coopérative.

Ils s'organisent entre eux pour utiliser le matériel.

Ils se partagent les pertes et les bénéfices.

Ils s'entraident car chacun d'eux ne pourrait pas acheter seul le matériel dont il a besoin.

2 Une coopérative agricole.

Des associations diverses

3 Grâce à la volonté d'amateurs de tennis de table, ces enfants participent à un tournoi avec l'équipe d'une association de la ville voisine.

4 Les parents groupés dans une association organisent, avec la commune, l'accueil d'enfants le mercredi.

5 C'est en organisant des fêtes que l'association des parents d'élèves finance une sortie à la neige pour les enfants du village.

6 Les personnes qui déposent leurs bouteilles revendues au profit de la lutte contre le cancer participent au financement d'une association nationale.

Comprenons bien

Pour réaliser un projet commun, les élèves se groupent souvent en coopérative* scolaire.

Chacun paie une cotisation, devient membre de la coopérative et participe à ses actions.

Il existe de nombreuses coopératives où se rassemblent les gens d'une même profession pour réaliser ensemble les équipements dont ils ont besoin ou vendre leur production.

De la même manière, dans une commune*, les gens se regroupent en association quand ils veulent organiser ensemble des activités : sport, aide à domicile,...

Exercices

● Demande à tes camarades s'ils font partie d'une association. Si c'est le cas, note le nom de l'association.

● Relève sur l'annuaire des postes des noms de coopératives.

● Relève sur le bulletin municipal des noms d'associations.

● Colle sur ton cahier des étiquettes de produits provenant de coopératives.

Dossier : mieux connaître ta commune.

Pour t'aider à découvrir ta commune, nous te proposons un plan et des idées.

Le plan se trouve sur les trois pages suivantes. Tu pourras le recopier et le remplir seul ou ave
des camarades.

Quelques idées sont illustrées ci-dessous. N'oublie pas, si tu interroges des personnes, de prépare
tes questions et si possible de les leur donner avant de les interroger.

Le calendrier des postes (Almanach des P.T.T.)
te fournira le nombre d'habitants et divers renseignements sur ta commune.

Après avoir préparé une liste de question
ces enfants interrogent un habitant du village.

Cette conseillère municipale a accepté de
venir en classe parler de la commune. Elle avait
été avertie des questions que les enfants lui
poseraient.

Dans les villes où existe un syndicat d'initiative
tu pourras trouver des documents et des informa
tions. Les bulletins municipaux te donnent auss
beaucoup d'informations.

En échangeant ton plan rempli avec celui d'une classe d'une autre école tu connaîtras
d'autres communes.

Ne te décourage pas. Cherche le maximum de renseignements.

Ta commune et la vie de tous les jours

Après avoir noté sur la première page de ton enquête, le nom de ta commune (et de ses hameaux), son nombre d'habitants, réponds aux questions qui te sont posées. Tu peux, bien sûr, illustrer tes réponses.

Les services commerciaux

Les habitants de ta commune trouvent-ils sur place les services nécessaires ?
Sinon où les trouvent-ils ?

alimentation	livres et journaux
habillement	jouets
ameublement	quincaillerie
banque	coiffeur

Les services médicaux

Les habitants de ta commune trouvent-ils sur place les services de santé ?
Sinon où les trouvent-ils ?

médecin	dentiste
hôpital	laboratoire
centre de soin	maison de retraite

Tu peux noter leurs adresses.

Les lieux de travail

Où les habitants peuvent-ils travailler dans ta commune ?
— entreprises agricoles ;
— commerces ;
— entreprises diverses ;
— administrations.

Où vont ceux qui ne travaillent pas dans ta commune ?

Dresse la liste des moyens de transport qu'ils peuvent utiliser.

Ta commune et la vie administrative

Après avoir noté l'adresse de ta mairie, les heures d'ouverture, réponds aux différentes questions pour mieux connaître tout ce qui est fait dans ta commune. Tu peux illustrer tes réponses par des cartes postales, des photos de journaux ou des dessins.

Les grands services publics

Existe-t-il dans ta commune :

une poste ?	une perception ?
une gendarmerie ?	un collège ?
un lycée ?	un tribunal ?

D'autres administrations ?

Sinon dans quelle commune doit-on se rendre pour les trouver ?

Les services municipaux pour les enfants

Existe-t-il dans ta commune :
un service de transports ?
un restaurant scolaire ?
une halte-garderie ?
une bibliothèque ?
un centre aéré ?
une école de musique ?
des activités organisées pour les enfants ?

Si oui, cherche leurs adresses, les heures d'ouverture. Sinon imagine ceux que tu souhaiterais utiliser.

Ta commune et la vie touristique

De nombreuses communes attirent les touristes. Quel est le patrimoine touristique de la tienne ?

église	château
abbaye	site ou curiosité
musée	monument historique

Note le nom de ces différents monuments. Existe-t-il des équipements construits pour les touristes ? Lesquels ?

Ta commune et la vie associative

Les habitants de chaque commune organisent une fête annuelle dite fête patronale. Quelle est la date de la fête patronale de ta commune ?

Les fêtes de ma commune

En dehors de la fête patronale, existe-t-il souvent d'autres fêtes ?

Qui les organise ? A quelles dates ?

Pense à la fête des écoles, aux fêtes des associations, aux fêtes religieuses.

Les associations sportives

Elles existent dans presque toutes les communes.

Recense celles de la tienne en pensant :
— aux sports collectifs ;
— aux sports individuels ;
— aux activités physiques ouvertes à tous.

Les autres associations

De nombreuses associations regroupent les personnes qui veulent se distraire ensemble pour pratiquer différentes activités...

Dresse la liste des associations de ta commune en pensant aussi bien aux philatélistes, qu'aux modélistes, aux chasseurs qu'aux jardiniers...

1 Une façon de choisir : voter à main levée en classe.
Le maître va raconter une histoire. Les enfants ont le choix entre « Les Trois Ours » et « La Chèvre de M. Seguin ». Que choisissent-ils ?

19 Voter, c'est choisir.
Pourquoi ?

2 Ces enfants peuvent-ils tous jouer au même moment ?
Comment vont-ils s'entendre ?

Le jeu n'est pas possible quand tout le monde veut diriger.

Les équipes doivent s'entendre sur la manière de jouer.

Tout le monde ne peut discuter avec tout le monde. Il faut que chaque équipe se choisisse un responsable, un représentant qui parlera pour elle.

Ce représentant deviendra le capitaine de l'équipe. Avec les autres capitaines et l'arbitre, organisera les matchs.

3 David, le plus fort, a décidé d'être le chef. Tout le monde est-il d'accord ?

4 Comment sera désigné le chef de ce groupe ? Pourquoi les enfants paraissent-ils d'accord ?

LAURE : 10 VOIX   EMILIE : 16 VOIX

Les élèves veulent trouver un responsable de classe pour la semaine.
Nadine et Emilie voudraient être choisies : elles sont candidates.
Une élection est organisée : chaque élève donne son avis qu'on appelle « une voix » : c'est un vote.
Emilie a plus de voix que Nadine : elle est élue responsable.

5 Quel est le résultat du vote des élèves de la classe ?

Comprenons bien

Tu n'aimes peut-être pas qu'un camarade cherche à imposer ses idées, son jeu, à diriger même si les autres ne sont pas d'accord. En votant, avec tes camarades, vous pouvez choisir ensemble votre jeu et celui qui le dirige.

Dans la vie de tous les jours il faut aussi choisir. Le vote, en France, est organisé pour que tous les Françaises et les Français puissent donner leur avis.

Exercices

● Quand tu souhaites regarder un programme de télévision plutôt qu'un autre, que dis-tu à tes frères et sœurs ou à tes camarades pour expliquer ta préférence ? Que décidez-vous ?

● As-tu déjà été désigné pour organiser un jeu, un atelier ?
A quelle occasion ?
Comment cela s'est-il passé ?

1 Les parents de Sylvie et d'Olivier lisent les déclarations des candidats sur les affiches électorales. Il y a plusieurs listes de candidats pour cette élection. Ils peuvent choisir, et donner leur avis : c'est le vote. Voteront-ils forcément de la même manière ?

20 Voter, c'est choisir.
Comment ?

S'informer

2 Pour s'informer, les parents de Sylvie et d'Olivier lisent les journaux, les programmes des candidats. Ils peuvent aussi regarder la télévision et assister à des réunions électorales.

Le bulletin de vote

3 Pour exprimer leur choix, pour voter, le papa et la maman d'Olivier et de Sylvie choisiront un bulletin et le mettront dans une urne. Ils votent parce qu'ils veulent donner leur avis à chaque fois que celui-ci leur est demandé. Ils savent que chaque vote compte.

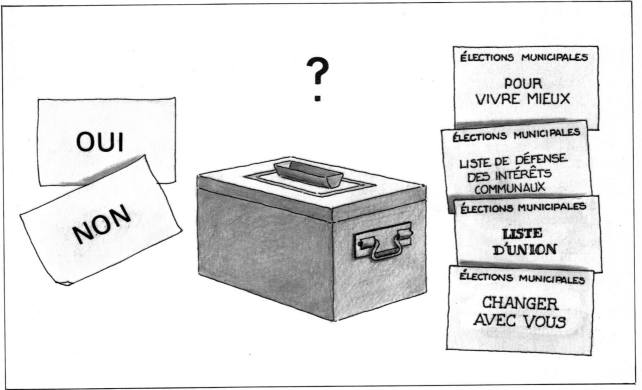

REFERENDUM*

ELECTIONS MUNICIPALES

Quels étaient les réponses possibles, les choix possibles ce jour-là ?

Entre combien de listes les parents d'Olivier et de Sylvie avaient-ils le choix ?

Comprenons bien

Voter, c'est choisir.

C'est donner son avis.

Avant de voter il faut s'informer et réfléchir en lisant les journaux, en écoutant les débats organisés à la télévision, à la radio, en discutant...

Le jour du vote, chacun exprimera son choix en allant voter.

Le vote est libre. Il est secret. La France et tous les pays où l'on vote en choisissant entre plusieurs candidats, entre plusieurs solutions possibles, sont des pays démocratiques*.

Exercices

● As-tu déjà voté ?
A quelle occasion ?

● Quand a-t-on voté en France pour la dernière fois ?
Quel sera le prochain vote ?

● Nous avons parlé des votes politiques. Ils ne sont pas les seuls.
Rappelle-toi : on vote dans les écoles pour les comités de parents.
Demande autour de toi et relève d'autres votes.

1 On vote à la mairie pour élire le conseil municipal. Sylvie accompagne son père. En t'aidant des dessins ci-dessous, dis ce qu'il va faire.

21 Le vote : un jour de vote dans ma commune.

Sur une table sont disposés les différents bulletins de vote et les enveloppes.

L'urne est une boîte où sont déposés les bulletins de vote. Elle est fermée à clé au début du vote.

L'isoloir permet à chacun de voter librement : personne n'est obligé de dire pour qui il vote.

La liste électorale est la liste où sont inscrites toutes les personnes ayant le droit de voter. Un contrôle est effectué pour que personne ne vote sans être inscrit.

2 Dans le bureau de vote.

3 A la fin du vote a lieu le dépouillement des bulletins de vote. Tout le monde peut y assister. L'urne est ouverte. Les enveloppes sont comptées. Il doit y avoir autant d'enveloppes que de personnes venues voter. On compte les voix (les suffrages) obtenues pour chaque liste ou chaque candidat.

Comprenons bien

Pour permettre à chaque électeur de voter facilement, chaque maire organise les élections dans sa commune.

Dans les grandes communes, il y a plusieurs bureaux de vote.

Chaque bureau est formé d'un président qui est un élu municipal et de plusieurs personnes. Ils veillent à ce que le vote se déroule normalement.

Le vote des citoyens n'existe pas dans tous les pays.

Les pays où le vote est organisé et où l'électeur a le choix entre plusieurs candidats sont des pays démocratiques*.

Exercice

● Avec tes camarades et ton maître, tu peux organiser un vote dans ta classe pour élire, par exemple, le plus aimable des élèves.

Tous les élèves auront le droit de vote.

Qui sera candidat ? Qui sera président du bureau de vote ?

Celui ou celle qui aura au moins la moitié des voix plus une sera élu (e).

Si personne n'a ce résultat, il faut revoter et alors celui ou celle qui aura le plus grand nombre de voix sera déclaré élu (e).

ELLE VOUS ATTEND

RÉPUBLIQUE FRANÇAISE

CARTE D'ÉLECTEUR

INSCRIVEZ-VOUS
A LA MAIRIE
AVANT LE

31 DÉCEMBRE

CENTRE D'INFORMATION CIVIQUE — INFOTEL : (1) 45.44.41.66

1 Que t'apprend cette affiche ?
Qui l'a faite imprimer ?
Où peux-tu voir des appels à voter
au moment des élections ?

22 Le **vote** : le droit de vote.

2 18 ans : un anniversaire très important.

A 18 ans tu seras majeur. Si tu es de nationalité française tu auras de nouveaux droits.

Tu pourras, seul, obtenir une carte d'identité ou un passeport, te rendre à l'étranger, avoir un compte chèque.

Tu pourras aussi passer l'examen du permis de conduire.

Tu devras te faire inscrire sur la liste électorale à la mairie de ton domicile.

Tu seras alors électeur. On te remettra ta carte d'électeur et tu auras le droit de voter.

La carte d'électeur

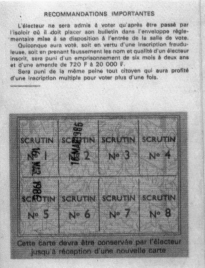

3 Dans quel pays cette carte est-elle utilisée ? Pourquoi ?

4 Sur la liste électorale de quelle commune cet électeur est-il inscrit ?

Comprenons bien

Le droit de vote est un droit important. Il permet à chaque citoyen de faire connaître son choix et d'élire ses représentants dans différentes assemblées. Ce droit existe dans tous les pays démocratiques. Dans certains pays il est obligatoire : en Belgique, ceux qui ne votent pas peuvent avoir une amende.

En France, pour exercer son droit de vote à 18 ans, il faut se faire inscrire sur les listes électorales.

C'est le devoir du citoyen que de donner son avis par son vote.

Exercices

● A 18 ans, devras-tu te faire inscrire pour pouvoir voter ? Où ?

● Dessine une affiche illustrant la phrase « A 18 ans, je voterai ».

1 Comment s'appelle la personne qui va marier ces jeunes gens ?
Comment s'appelle le bâtiment où ils se marient ?
Est-il situé dans une grande ville ? Pourquoi ?

23 La commune : je découvre la mairie.

Dans les villages

2 Dans les petites communes, il n'y a souvent qu'un secrétaire de mairie pour établir tous les papiers dont ont besoin les habitants.

Il n'y a qu'une salle qui sert à la fois de bureau au secrétaire de mairie et au maire. Cette salle est aussi celle où se réunit le conseil municipal.

Dans les villes

Si tu habites une grande ville, une hôtesse t'accueillera et te dirigera vers le bon bureau. Là, un employé de la mairie s'occupera de toi. Imagine que tu es l'hôtesse et indique dans quel service tu enverrais une personne qui te dirait :

3

    a —Je viens déclarer la naissance de mon fils.
    b —Je viens inscrire ma fille à l'école primaire.
    c —J'ai 18 ans, je viens m'inscrire sur les listes électorales.
    d —Le caniveau de ma rue est bouché.

Comprenons bien

La mairie est la maison où se trouve le bureau du maire, où le conseil municipal se réunit, où les gens sont mariés.

Elle abrite aussi les bureaux des employés municipaux qui travaillent pour les habitants de la commune.

Les mairies sont plus ou moins importantes selon le nombre d'habitants de la commune.

La mairie est parfois appelée « hôtel de ville ».

Dans les très grandes villes, il existe une mairie principale et des mairies annexes.

Exercices

● Dessine la mairie de ta commune.

● Relève les heures d'ouverture de ta mairie.

● Demande à tes parents pourquoi et quand ils vont à la mairie.

1 Le conseil municipal d'une commune de 450 habitants est réuni autour de la table. Combien y-a-t-il de membres présents sur 11? Qui dirige la réunion? Y a-t-il des spectateurs?

24 La commune : le conseil municipal.

Les membres du conseil

Population	Nombre de conseillers municipaux	Nombre d'employés municipaux
258	45	37
3 150	23	2
55 230	11	525

2 Le nombre de membres d'un conseil municipal varie de 9 (communes de moins de 100 habitants) à 163 (Paris).
Rends à chaque mairie sa population, son nombre de conseillers municipaux, le nombre de ses employés.

Madame ou Monsieur le Maire

Monsieur le Maire marie...

Madame le Maire prépare la réunion du conseil avec ses adjoints.

Madame le Maire inaugure une nouvelle école.

Monsieur le Maire dirige les employés municipaux.

 3 Quelles autres activités peut avoir un maire ?

Comprenons bien

Le conseil municipal est formé de personnes élues par les habitants de la commune.

Lors de sa première réunion il élit Monsieur ou Madame le Maire. Il élit aussi les adjoints et adjointes qui aideront le maire dans son travail.

Le maire prépare les réunions du conseil municipal. Le conseil municipal se réunit pour choisir ce qui sera fait dans sa commune.

Le maire est chargé d'exécuter les décisions du conseil municipal.

Exercices

● Ecris sur ton cahier le nom du maire, le nombre de conseillers municipaux de ta commune, le nombre des adjoints au maire.

● As-tu le droit d'assister à une réunion du conseil municipal ?

● Comment les habitants sont-ils prévenus des réunions du conseil ? Où peut-on lire le compte-rendu des réunions ?

1 Cette route conduit d'un département à un autre. Lesquels ? Qu'indique la borne ?

25 Je connais : mon département.

A chaque département, son numéro

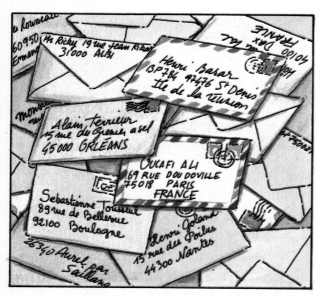

2 Recherche les départements correspondant à ces codes postaux.

Ton adresse comprend le nom de ta commune et un numéro de code postal qui aide les employés de la poste à trier ton courrier.

Les deux premiers chiffres de ce code indiquent le numéro de ton département dans l'ordre alphabétique.

Tu retrouveras ces chiffres sur la voiture de tes parents.

Quel est le numéro de ton département ? Son nom ?

Quelle est la plus grande ville de ton département ?

A chaque département, son chef-lieu

3 Au chef-lieu du département se trouve l'hôtel du département où se réunit le conseil général qui s'occupe des affaires du département.

4 Au chef-lieu du département habite le préfet, commissaire de la République, qui représente le gouvernement de la France.

Comprenons bien

Elle est souvent appelée « préfecture du département ».

Ma commune appartient à un département.

La France compte 101 départements, dont 5 d'outre-mer.

Chaque département regroupe un certain nombre de communes.

Une des plus grandes villes du département s'appelle le « chef-lieu ». C'est dans cette ville que se trouvent les bureaux des chefs des services publics qui s'occupent de la commune.

Exercices

● Invente des devinettes à poser à tes camarades ; par exemple :

— Quel est le chef-lieu de ton département ?
— Quel est le nom du département 04 ?
— Quel est le numéro du Var ?

● Relève des numéros sur des voitures et cherche de quel département elles viennent.

1 Voici des autocollants qui représentent des régions françaises. Recherche sur la carte ci-contre où se trouvent ces régions. Recherche la tienne.

26 **Je connais :** ma région.

Les traditions régionales

Les habitants de certaines régions de France pratiquent encore les jeux, organisent encore les fêtes, utilisent des recettes de cuisine, qui datent du temps où notre pays était divisé en provinces.

On dit qu'ils gardent les traditions, c'est-à-dire les habitudes, des gens de la région.

2 Existe-t-il dans ta région des fêtes, des jeux, des plats traditionnels ? Dans les grandes villes, les personnes originaires d'une même région essaient de se regrouper pour garder leurs traditions communes.

Les régions françaises

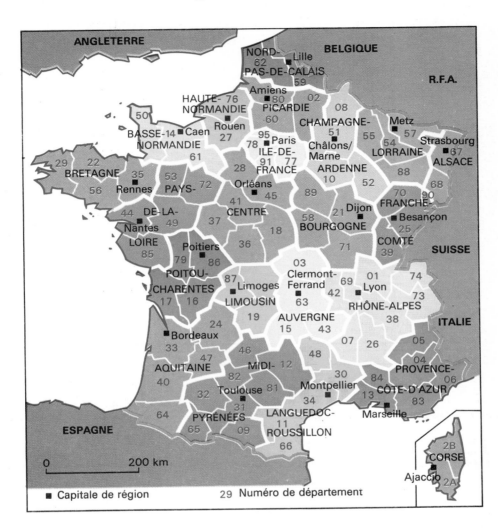

ANGLETERRE
BELGIQUE
R.F.A.

NORD-
62
PAS-DE-CALAIS
59
■ Lille

HAUTE- 76
NORMANDIE
50
Amiens
80
PICARDIE
60
02
08
CHAMPAGNE-
51
■ Metz
55
54
LORRAINE
57
Strasbourg
67
ALSACE

BASSE-14 ■ Caen
NORMANDIE
61
Rouen
27
95
78 ■ Paris
ILE-DE-
91 FRANCE
77
Châlons/
Marne
ARDENNE
10
88
68
70
90
FRANCHE-

22
29 BRETAGNE
35 53
56 Rennes
PAYS- 72
28
Orléans
45
41
CENTRE
18
89
52
21 Dijon ■
BOURGOGNE
58
71
90
Besançon ■
25
COMTÉ
39
SUISSE

44 DE-LA-
49
Nantes ■
LOIRE
85
37
36
Poitiers
79 86
03
Clermont-
Ferrand
69
42 ■ Lyon
01
74
73
RHÔNE-ALPES

87
POITOU- Limoges ■
CHARENTES
17 16
LIMOUSIN
19
63
AUVERGNE
15
43
07
26
38
05
ITALIE

24
Bordeaux ■
33
47
40
AQUITAINE
82
32
46
Toulouse ■
81
MIDI- 12
48
Montpellier
30
34
84
13
PROVENCE-
COTE-D'AZUR
04
06
83
Marseille ■

64
PYRÉNÉES
65
31
09
LANGUEDOC-
11
ROUSSILLON
66

ESPAGNE

0   200 km

■ Capitale de région   29 Numéro de département

2B
CORSE
Ajaccio
2A

3 Quels départements forment ta région ? Quel est son nom ? Quelle est sa capitale ?

Comprenons bien

Pour mieux organiser la vie des habitants de notre pays, la France est divisée en 22 régions.

Chaque région regroupe plusieurs départements.

Chaque région possède sa capitale qui est, le plus souvent, une grande ville.

C'est dans cette ville que se réunit le conseil régional qui s'occupe des affaires de la région comme le conseil municipal s'occupe des affaires de la commune.

Exercices

● Avec tes camarades, établis une fiche sur ta région en écrivant :

— son nom
— les noms des départements qui la forment
— le nom de la capitale régionale.

● Connais-tu une fête, un sport, un plat de ta région ?

● Y a-t-il un dessin qui caractérise ta région ? Si oui reproduis-le, si non proposes-en un.

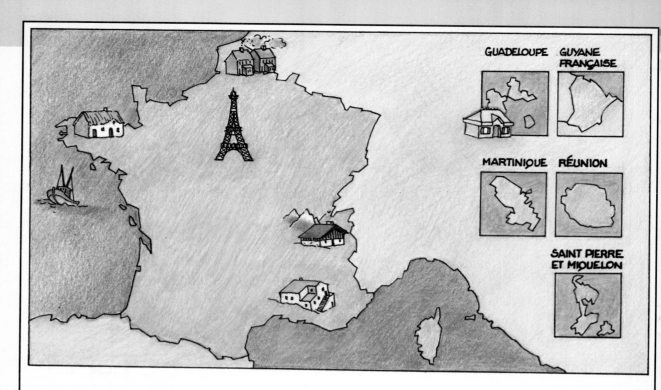

1 Dans notre pays, on peut vivre dans un hameau, un village, une ville moyenne ou une grande ville situés près de la mer, en montagne, en plaine. Quel est ton cas ?

27 Le territoire national : je connais mon pays.

Mon pays a des frontières

2 Un poste frontière entre la France et l'Allemagne

Notre pays est séparé des pays voisins par une frontière.

Une frontière peut être naturelle quand la limite est une montagne, (par exemple les Pyrénées entre la France et l'Espagne) ou un fleuve (par exemple le Rhin entre la France et l'Allemagne).

Dans les autres cas, on dit qu'elle est artificielle.

Village savoyard.

Port breton.

Village provençal.

Coron du Nord.

3 En t'aidant de ton livre de géographie, replace ces quatre paysages français sur la carte ci-contre.

Comprenons bien

La France, notre pays, est riche de paysages variés : plaines, montagnes, bords de mer...

Ses habitants ne connaissent pas tous le même climat. Leurs maisons sont adaptées au climat de leur région.

Certains exercent des métiers liés à leur région : pêcheurs, mineurs, bergers...

Tous les Français, malgré leurs différences, se sentent du même pays car ils parlent la même langue et ont une histoire commune.

Exercices

● Collectionne des cartes postales montrant la variété des paysages français.

● Ecris le nom des pays qui entourent la France.

● Cherche les raisons qui font que beaucoup de gens du nord vont en vacances dans le sud.

● Recherche le nom des monnaies utilisées dans d'autres pays que la France.

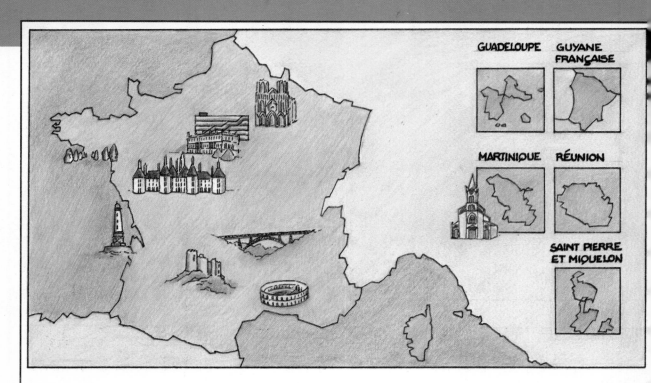

1 Sur cette carte sont figurés des monuments qui rappellent l'histoire de notre pays. La liste ci-contre te permettra de les reconnaître.

28 Le territoire national : mon pays a une histoire.

La clairière de l'armistice

Dans cette clairière fut signé, le 1ᵉ novembre 1918, l'arrêt des combats entre la France et l'Allemagne.

C'était la fin de la Première Guerre mondiale. Tu en trouveras le récit dans ton livre d'histoire. De nombreux visiteurs viennent y retrouver un moment de l'histoire de leur pays.

Beaucoup de plaques commémoratives rappellent, comme celle de la clairière de l'armistice, les moments importants de l'histoire de la France.

2

Les traces de l'histoire

Les alignements de Carnac
viennent des Temps préhistoriques.

Arênes de Nîmes
rappellent l'époque gallo-romaine.

La forteresse de Najac
marque le temps des Seigneurs, le Moyen-âge.

La Cathédrale de Reims
est le lieu où furent sacrés les Rois de France.

Le Château de Chambord
évoque la Renaissance et François 1er.

Le phare de Cordouan
fut édifié, il y a 400 ans, sur un îlot rocheux.

Le Château de Versailles
fut la demeure du Roi Soleil « Louis XIV » et
de sa cour.

Le viaduc de Garabit
est, comme la Tour, une réalisation de Gustave
Eiffel, au siècle dernier.

La cathédrale Saint-Louis, à Fort-de-France, en
Martinique fut construite au 19e siècle.

Le Centre Pompidou
est un monument du 20e siècle, notre siècle.

4 Le syndicat d'initiative (office de tourisme) est un lieu où l'on peut se renseigner sur l'histoire de sa commune.

5 Ce panneau indique les monuments importants qui marquent l'histoire de notre pays.

3 Cherche sur la page voisine l'emplacement de ces témoins de l'histoire.

Comprenons bien

Notre pays, la France, n'a pas toujours eu ses frontières actuelles ; elles se sont modifiées au cours d'une longue histoire.

On retrouve les traces de cette histoire dans les monuments historiques, les musées, les objets, les gravures et livres anciens.

Ce sont des biens qui appartiennent à tous les Français et qui forment leur patrimoine.

Exercices

● Recherche dans ta commune des plaques ou des monuments qui rappellent l'histoire de ses habitants, ou celle de la France.

● Rassemble avec tes camarades des documents sur un monument de ta commune.

● De nombreuses rues portent des noms d'hommes ou de femmes célèbres dans l'histoire. Y en a-t-il dans ta commune ?

1 Dans leur diversité, ces costumes traditionnels, comme les coutumes locales, les cuisines régionales..., représentent la France et font partie de l'héritage commun à tous les habitants de notre pays.

29 La patrie. « Ma patrie, c'est mon pays ».

2 Il existe encore des marchés avec des produits régionaux.

Chaque famille transmet à ses enfants des souvenirs, des habitudes, des façons de parler, de vivre, de se nourrir, de se divertir, de se loger..., des biens (vaisselle, mobilier, parfois maison, terrain...). Tout cela constitue l'héritage familial.

De la même façon, les habitants de tous les pays reçoivent en héritage une histoire commune, des traditions, des patois ou des langues locales, des cuisines régionales, des fêtes nationales, des monuments, des paysages, un territoire une patrie à laquelle chacun est attaché.

Dans chaque pays, les habitants vivent selon les habitudes locales. Ils suivent les règles de leur pays.

Certaines règles se ressemblent d'un pays à l'autre ; d'autres sont différentes.

3 . Quelles sont les ressemblances et les différences entre les deux dessins ?

. Quel dessin représente la France ?

. Quel pays est représenté sur l'autre ?

Comprenons bien

Les habitants d'un même pays sont diffé-rents les uns des autres par le sexe, l'âge, là ichesse, la manière de vivre.

Cependant ils parlent souvent la même angue, ils obéissent aux mêmes règles, et ont attachés à la même patrie, à leur pays.

Chaque pays a une capitale.

En France, c'est à Paris que le président le la République, les députés et les sénateurs, lus par l'ensemble des Français, organisent a vie du pays, de la nation.

Exercices

● Recherche les mots de la famille de « patrie », à l'aide d'un dictionnaire.

● Demande à tes parents dans quelle région (ou dans quel pays) vivent tes grands-parents ?

● Connaissent-ils un parler local ?

● Ont-ils des modes de vie particuliers (nour-riture, logement, fêtes) ? Lesquels ?

1 Les habitants de cette commune de Guadeloupe sont français.
Recherche les signes qui le montrent.
Cherche dans le dictionnaire le chef-lieu de la Guadeloupe.

30 **La patrie :** la France d'outre-mer.

Une classe en Guyane

Ces enfants habitent à plusieurs millier
de kilomètres de la France, en Guyane
qui est une toute petite partie de l'Améri
que du Sud.
La Guyane est aussi un départemen
français.
Ses habitants parlent, lisent, écrivent le
français comme tous les habitants de la
nation française.

2

Images de la France d'outre-mer

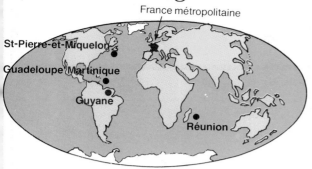

France métropolitaine
St-Pierre-et-Miquelon
Guadeloupe Martinique
Guyane
Réunion

3 Les 5 départements d'outre-mer.

4 Fête en Guadeloupe.

5 Au-dessus de Saint-Pierre et Miquelon.

6 Marché à la Réunion.

Comprenons bien

Certains territoires français sont situés à des milliers de kilomètres de Paris.

La Guyane, les îles de la Guadeloupe, la Martinique, la Réunion, Saint-Pierre et Miquelon sont les cinq départements d'outre-mer (DOM).

La Polynésie française, la Nouvelle-Calédonie sont des territoires d'outre-mer (TOM).

Leurs habitants sont français ; ils ont les mêmes droits et les mêmes devoirs que ceux qui habitent la France métropolitaine.

Exercices

● Collectionne quelques étiquettes de produits des DOM-TOM.

● Connais-tu dans ton école des Français des départements d'outre-mer ?

● Recherche et colorie sur une carte du monde les départements d'outre-mer (DOM) et les territoires d'outre-mer (TOM).

Dossier : mieux connaître les élus.

Ce dossier t'aidera à mieux comprendre à quelle occasion votent les Françaises et les Français.

Ils votent souvent car notre pays est un pays démocratique.

Toutes les élections n'ont pas lieu au même moment.
Si une élection a lieu cette année, tu pourras avec ton maître ou ta maîtresse, tes parents, tes camarades te renseigner davantage.

● Reproduis ces dessins sur ton cahier et complète-les suivant les instructions :

Ecris le nom de ta commune sur le panneau. Sous ton dessin, note le nombre de conseillers municipaux et le nom du maire.

Ecris un numéro de ton département sur la plaque. Sous ton dessin, note le nom du président du conseil général.

Dessine le logo de ta région. Sous ton dessin, note le nom du président du conseil régional.

● Recherche les photos demandées et colle-les sur ton cahier :

Photo du président de la République. Ecris son nom au-dessous.

Photo d'un député de ton département. Ecris au-dessous le nom de ce député.

Photo représentant des élus en réunion. Note au-dessous le nom de l'assemblée où ils se réunissent.

Le vote au suffrage* universel
- secret
- égal pour tous

permet de choisir
- après s'être informé

entre plusieurs candidats
- ou plusieurs listes
de candidats

nos représentants
- qui sont élus pour
plusieurs années
(5, 6 ou 7 ans).

Pour s'occuper des affaires de la commune

Les *élections municipales* permettent d'élire *un conseil municipal* par *commune*.

Le conseil municipal...

élit un maire...

siège à la mairie.

Pour s'occuper des affaires du département

Les *élections cantonales* permettent d'élire *un conseil général* par *département*.

Le conseil général...

élit un président...

siège à l'hôtel du départemer

Pour s'occuper des affaires de la région

Les *élections régionales* permettent d'élire *un conseil régional* par *région*.

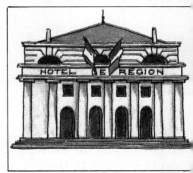

Le conseil régional...

élit un président...

siège dans la capitale régional

Pour s'occuper des affaires du pays

es *élections présidentielles* permettent d'élire le *président de la République française.*

e président de la République...   demeure...   au Palais de l'Elysée, à Paris.

es *élections législatives* permettent d'élire *les députés* à l'*Assemblée nationale.*

Assemblée nationale...   vote les lois...   siège au Palais Bourbon à Paris.

Le président de la République et les députés sont élus par tous les citoyens du pays. e président de la République, le gouvernement, les députés et les sénateurs (membres u Sénat) s'occupent des affaires de la France.

1 En France, le 14 juillet est le jour de la Fête nationale.
A Paris, le défilé militaire attire une foule nombreuse.
Comment fête-t-on le 14 juillet dans ta commune ?

31 La République française :
les symboles de la République

Lorsque tu regardes des émissions à [la] télévision tu reconnais à de nombreu[x] signes si l'histoire se passe en France [ou] à l'étranger. Quels peuvent être c[es] signes ?
Lors de la cérémonie d'ouverture de[s] Jeux olympiques où de nombreuses équi[pes] sportives sont présentes, chacu[ne] est précédée par le drapeau de son pay[s.]

2 Le drapeau est un signe distinctif q[ui] représente, qui symbolise un pays.

3 Découvre ce qui évoque la République française sur ces documents.

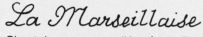

La Marseillaise

Chant de guerre pour l'Armée du Rhin

MUSIQUE
Rouget de Lisle

PAROLES
M.-J. Chénier

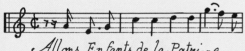

Allons, Enfants de la Patri-e.
Le jour de gloire est arrivé.
Contre nous de la tyranni-e
l'Étendart sanglant est levé,
l'étendart sanglant est levé.

4 L'hymne national français.

5 Identifie quelques drapeaux.

Comprenons bien

Dans chaque famille, on partage des souvenirs communs, on conserve des photos qui révèlent l'histoire de la famille aux jeunes enfants, on se reconnaît.

Les habitants d'un même pays ont de la même façon des signes de reconnaissance, des symboles communs : drapeau, hymne, fêtes... que les enfants doivent à leur tour connaître.

Citoyen de demain, tu dois connaître les symboles de ton pays. Habitant du monde, tu apprends à mieux connaître les symboles des autres pays.

Exercices

● Colle ou dessine des drapeaux qui te concernent :

— le drapeau français
— le drapeau européen
— le drapeau de l'O.N.U.

● Relève les documents familiaux sur lesquels apparaissent des symboles de la République française.

● Avec tes camarades, retrouve des symboles de quelques pays étrangers.

1 Dans toutes les communes de France les symboles de la République française sont présents. Retrouve-les dans ce dessin. Quelle est la devise de la France ?

32 La République française : Liberté, Egalité, Fraternité.

La devise de la République dans la vie de tous les jours :

Liberté : Tu es libre de rouler à bicyclette si tu respectes les lieux, le matériel, le code de la route.

Egalité : Sur la route, tous les cyclistes doivent comme toi respecter le code de la route ; ils sont égaux devant la loi.

Fraternité : En chemin, si tu as un ennui mécanique, tu apprécies l'aide d'un copain ou d'un passant : l'entraide, la solidarité, la fraternité, rendent la vie de tous plus agréable.

2

Une **liberté** importante.

Liberté : Les journaux nombreux et différents permettent de s'exprimer et de s'informer.

Egalité : Depuis la Révolution de 1789, les impôts sont mieux répartis.

Fraternité : Avec l'U.N.I.C.E.F., des enfants, des hommes agissent contre la faim dans le monde.

Vers plus d'**égalité.**

Une forme de **fraternité.**

3 Cherche d'autres exemples de liberté, d'égalité, de fraternité.

Comprenons bien

A travers le monde, tous les hommes n'ont pas les mêmes droits. Certains sont emprisonnés, torturés, sans pouvoir se défendre normalement.

Dans notre pays, des difficultés d'argent, la maladie, le chômage, l'ignorance, empêchent parfois les gens de bénéficier de tous leurs droits, de vivre mieux.

Toi-même, dans la vie à la maison, à l'école, t'efforces-tu de respecter le droit des autres ? La liberté, l'égalité, la fraternité sont des droits précieux, tu dois les appliquer, les défendre.

Exercices

● Colle sur ton cahier une illustration de la devise républicaine.

● Relève dans les journaux des exemples d'actions contre la faim dans le monde.

● Organise avec ta classe un concours de dessins pour illustrer la devise Liberté - Egalité - Fraternité.

1 Le président de la République française accueille, à Paris, dans le palais présidentiel, un chef d'Etat étranger. Comment s'appelle ce palais présidentiel ?

33 Le président de la République : son élection.

La campagne présidentielle

2 Le débat télévisé oppose des candidats qui proposent des solutions différentes.

Les élections présidentielles sont un momen important de la vie de la nation.

Pendant la campagne électorale, les candida font connaître les solutions qu'ils proposent pou répondre aux grands problèmes du pays.

Quels autres moyens utilisent-ils pour expos leur programme ?

Le président est élu

3 Pour élire leur président, les électrices et les électeurs votent très nombreux.

4 Le résultat connu, le nouveau président prend ses fonctions.

5 Les Françaises et les Français acclament le président élu.

6 Quel est l'actuel président de la République ?

Comprenons bien

En France, tous les électeurs peuvent participer à l'élection du président de la République.

Le président de la République est élu au suffrage universel pour 7 ans.

Il réside à Paris, au Palais de l'Elysée. Il est le chef de l'Etat et représente la France.

Plus tard, quand tu seras électeur, tu participeras à son élection.

Exercices

● Trouve dans ton livre d'histoire les noms d'anciens présidents de la République française.

● A ton avis, le président de la République peut-il être une femme ?

1 Filmé par la télévision dans un salon de l'Elysée, le président de la République adresse ses vœux aux Français.

34 Le président de la République : ses fonctions.

Le président s'informe

2 Le président reçoit une délégation.

Beaucoup de personnes s'adressent directement au président.

Il reçoit souvent des délégations, c'est-à-dire des personnes qui en représentent d'autres.

Si tu étais reçu à l'Elysée, quelles questions poserais-tu ?

Adresse de l'Elysée :

PALAIS DE L'ELYSÉE
55, rue du Faubourg St-Honoré
75008 Paris

Le président agit

LE PRÉSIDENT DE LA RÉPUBLIQUE NOMMERA DEMAIN LE NOUVEAU PREMIER MINISTRE.

A Moscou, le président et ses ministres signent un traité commercial.

Chef des armées, le président se fait présenter la nouvelle base aérienne.

En visite dans notre région, le président s'intéresse à la lutte contre les feux de forêt.

3 A travers ces titres de journaux qu'apprends-tu des fonctions du président de la République ?

4 Chef des armées, le président passe en revue un régiment de chars.

5 Le président signe les lois.

Comprenons bien

Le président de la République, chef de l'Etat*, veille au bon fonctionnement de l'Etat.

Il nomme le Premier ministre et le gouvernement.

Il préside le conseil des ministres, signe les lois qui organisent la vie de tous les habitants de la France et veille à leur exécution.

Il est le chef des armées.

Il est aidé dans ces tâches par des conseillers*.

Exercices

● Recherche d'autres articles de journaux parlant du président de la République.

● D'autres pays sont aussi des Républiques. Peux-tu en citer quelques-uns et donner le nom de leur président ?

1 Présidé par le président de la République, le conseil des ministres étudie les projets de loi, règle les affaires de la France, prépare les dossiers qui seront présentés au Parlement.

35 Le gouvernement : le conseil des ministres.

2 Les bureaux du Premier ministre sont situés dans l'hôtel Matignon à Paris. Le Premier ministre peut y habiter.

Le Premier ministre

Le Premier ministre a davantage de pouvoirs que les autres ministres.

Il organise son gouvernement avec l'accord du président de la République.

Il peut le modifier, remplacer un ministre par un autre, changer le nombre de ses ministres avec l'accord du président.

Il rencontre souvent le président.

Les travaux du conseil

RÉUNION DU CONSEIL DES MINISTRES :
à l'ordre du jour, rentrée scolaire.

LE GOUVERNEMENT, AU GRAND COMPLET, S'EST RÉUNI HIER A MATIGNON : nouvelles mesures pour l'agriculture.

Au conseil des ministres, nomination d'un nouveau préfet de région.

Le conseil des ministres adopte le projet de loi sur la sécurité routière : il sera présenté prochainement au parlement.

3 A travers ces titres de journaux, établis la liste de quelques affaires traitées au conseil des ministres.

4 Avant le conseil, les ministres ont préparé leurs dossiers.

5 Après le conseil, le porte-parole informe les journalistes.

Comprenons bien

Le Premier ministre nommé par le président de la République est le chef du gouvernement.

Le gouvernement se compose des hommes et des femmes qui sont ministres.

Chaque ministre est chargé de faire fonctionner un des grands services de l'Etat. Il dirige un ministère.

Le gouvernement fait appliquer les lois de la République. Il propose aussi des nouvelles lois.

Exercices

● Quel est le nom du Premier ministre ?

● Quel ministre s'occupe des écoles ? des routes ? des hôpitaux ? de l'élevage ?

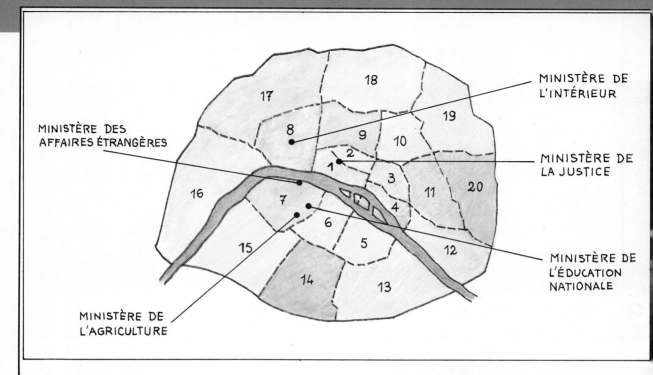

1 Les ministres siègent à Paris. Avec l'administration, chaque ministre organise ou contrôle une partie des activités de la nation.

36 **Le gouvernement :** les ministères.

Les ministères, proches de nous

2 Le préfet, commissaire de la République, représente le gouvernement et l'ensemble des ministères dans le département.

Dans le département, les services de la préfecture appliquent les décisions des ministres et les lois. Ils les font connaître et en assurent l'application.

Tu trouveras dans l'annuaire téléphonique la liste des services de la préfecture.

Tu remarqueras qu'ils correspondent aux différents ministères.
Etablis un tableau de correspondance.

Les ministères agissent

3 L'Etat paie un certain nombre de grands travaux.

4 Construction d'une nouvelle ligne de T.G.V. (ministère des Transports).

5 Construction d'un musée à Paris (ministère de la Culture).

6 Grands travaux routiers (ministère de l'Equipement).

Quels sont les ministères qui ont aidé à la réalisation de ces travaux (photos 3-4-5-6) ?

Comprenons bien

Les décisions du gouvernement interviennent dans notre vie quotidienne.

Certains ministères gèrent des services publics :

Education nationale, Justice, Armée, Police, Finances...

D'autres aident les collectivités (communes, départements, régions) ou des particuliers à réaliser des équipements divers.

Les ministres peuvent proposer de nouveaux projets de lois.

Exercices

● Cherche 3 exemples de grands travaux ou d'équipements, dans ta ville ou ta région auxquels l'Etat a participé.

● Recueille des articles de journaux qui illustrent différents moments du travail des ministres.

1 Les députés, hommes ou femmes, représentent l'ensemble des habitants de tous les départements français.
Ensemble, ils forment l'Assemblée nationale qui se réunit au Palais Bourbon à Paris.

37 Nos élus nationaux :
Madame ou Monsieur le Député

Le travail des députés à Paris

A quels dessins s'appliquent les légendes suivantes :

1. Chaque député dispose d'un bureau à Paris. Aidé d'une secrétaire, il s'informe, répond au courrier, prépare des questions aux ministres.

2. Avec d'autres députés et des spécialistes, le député étudie les projets de lois : il travaille en groupe ou en commission.

2 3. Chaque député se prononce par oui, par non, ou s'abstient à l'occasion des votes qui ont lieu à l'Assemblée nationale.

Le travail des députés dans leur département

MONSIEUR DUPONT
DÉPUTÉ DE L'OISE

REÇOIT LE SAMEDI
DE 9H A 12H
ET SUR RENDEZ - VOUS

3 Le député tient régulièrement des permanences.
Il reçoit les personnes qui ont des questions à lui poser ou des propositions à lui faire.

4 Pour se tenir au courant des problèmes des gens de leur département, le député s'entretient avec ses électeurs et ses électrices, les syndicats, les associations...

5 Le député est souvent invité pour des inaugurations.
Il en profite pour discuter avec les élus et les habitants de la commune.

Comprenons bien

Les élections qui permettent d'élire les députés sont les élections législatives.

Les députés sont élus pour 5 ans par tous les citoyens dans chaque département.

Le nombre des députés d'un département varie en fonction de la population.

Les députés élus forment l'Assemblée* nationale qui siège à Paris au Palais Bourbon.

Les députés proposent et votent les lois*. Ils votent chaque année le budget* de la France.

Ils contrôlent l'action du gouvernement.

Quand ils ne sont pas à Paris, les députés s'informent auprès de la population des problèmes des Français pour chercher des solutions.

Exercices

● Combien y a-t-il de députés dans ton département ?

● Collectionne des articles de journaux montrant l'activité des députés de ton département.

1 Les sénateurs se réunissent au Palais du Luxembourg à Paris.
L'Assemblée nationale et le Sénat sont les deux assemblées qui forment le Parlement*.

38 Nos élus nationaux :
Monsieur ou Madame le Sénateur.

2 Le Palais du Luxembourg.

L'élection des sénateurs.
Les sénateurs sont élus pour 9 ans par les grands électeurs.
Les grands électeurs sont les députés, les conseillers généraux et des délégués des conseils municipaux. Ils se réunissent au chef-lieu du département pour élire les sénateurs.
On dit que les sénateurs sont élus au suffrage indirect.

Le vote des parlementaires* (députés et sénateurs).
Après les débats, les parlementaires votent pour adopter ou rejeter, article par article, les projets de lois. Ils peuvent voter :
　　　— à main levée ;
　　　— au scrutin public ordinaire grâce à un système électronique qui permet de voter oui, non ou abstention. Le parlementaire s'abstient quand il ne veut pas voter oui ou non ;
　　　— au scrutin public à la tribune : chaque parlementaire est appelé à venir voter ;
　　　— au scrutin secret sans appel de noms.

3

Comprenons bien

Comme les députés, les sénateurs peuvent proposer de nouvelles lois*. Au Sénat, ils étudient les projets de lois en commissions spécialisées, et en séances publiques votent pour adopter ou rejeter les textes proposés.

Dans leur département, ils s'informent auprès des élus locaux (maires, conseillers généraux...) des difficultés qu'ils rencontrent dans leur tâche.

Exercices

● Combien y a-t-il de sénateurs dans ton département ?

● Recherche des articles de journaux qui parlent de l'action des sénateurs ou du Sénat.

Dossier : connaître la loi.

La loi organise la vie en société

La vie en société n'est possible que si chaque individu obéit aux mêmes règles. Dans une société organisée la loi s'applique également à tous les citoyens.

La police fait respecter la loi et relève les infractions.

Ces jeunes époux ont été publiquement unis au nom de la loi.

La loi protège le consommateur, le citoyen.

Dans la vie de tous les jours, nous obéissons, souvent sans nous en rendre compte, aux lois qui organisent la vie de notre pays.

Qui vote les lois ?

Ce sont les parlementaires qui votent les lois. Après avoir étudié les projets ou propositions de lois et après avoir procédé à un débat public, les députés et les sénateurs adoptent les lois par un vote. Le Parlement exerce le pouvoir législatif.

Qui fait appliquer les lois ?

Le président de la République signe les lois. Avec le gouvernement, il est chargé de les faire exécuter.

Ensemble, ils assurent le pouvoir exécutif.

Qui juge de l'application des lois ?

Tous les habitants du pays doivent connaître et respecter la loi. Lorsque la loi n'est pas respectée, la justice intervient ; les magistrats jugent et prononcent les peines.

Ils détiennent le pouvoir judiciaire.

Test : aujourd'hui, un enfant responsable.

Es-tu un enfant responsable ? Tu pourras en avoir une idée en répondant honnêtement aux 25 questions du jeu-test suivant.

Reporte les questions sur ton cahier et réponds par **OUI** ou **NON** (chaque question doit être notée avec une lettre (A à E) et un chiffre (1 à 5).

A | Dans la vie de tous les jours.

1 | Je me brosse régulièrement les dents tous les jours.

2 | Je sais trouver dans la pharmacie le nécessaire pour soigner une petite plaie.

3 | Je sais où est rangé le nécessaire à chaussures.

4 | Je sais baisser le son de la télévision.

5 | Je suis déjà allé seul faire des courses simples (pain, lait...).

B | Dans mes déplacements.

1 | Sur le trottoir, je suis attentif aux autres piétons.

2 | En rase campagne, je marche régulièrement à gauche de la chaussée.

3 | Avant de traverser une rue, je regarde à gauche, à droite, puis à nouveau à gauche.

4 | A bicyclette, je sais me lâcher d'une main pour indiquer un changement de direction.

5 | En voiture, je m'installe à l'arrière.

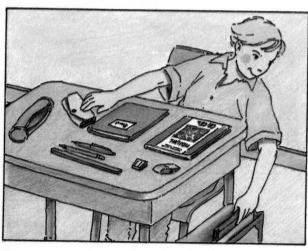

C | Dans l'école.

1 | Je m'arrange pour préparer rapidement le matériel nécessaire (stylo, règle, cahiers...).

2 | Je soigne la présentation de mon travail (cahier, exposition...)

3 | Je m'efforce de réaliser régulièrement le travail demandé.

4 | Mon sac est bien rangé.

5 | Je parle de mon travail de classe à mes parents.

D Dans la vie de la classe.

1 Je demande régulièrement la parole au cours des réunions de coopérative.

2 J'ai été responsable d'un service ou d'un projet de sortie, d'atelier...

3 J'ai été candidat à un poste de bureau (secrétaire, trésorier).

4 J'ai proposé un nouveau jeu à la classe.

5 J'essaie de bien connaître les projets ou les idées des candidats avant de choisir.

E Dans la solidarité avec les autres.

1 Il m'est arrivé d'aider un camarade en difficulté dans une matière.

2 Dans les jeux collectifs, je fais des efforts pour mon équipe.

3 Je participe aux projets de la classe : expositions, fêtes, journal...

4 Je rends des services dans mon entourage (à la maison, à l'école...).

5 Je m'associe aux campagnes de solidarité en vendant des timbres ou des vignettes.

Résultats

Si tu as de 20 à 25 réponses « OUI »
Tu es un écolier actif, responsable, respectueux de l'environnement et des autres. Bravo...

Si tu as de 14 à 19 réponses « OUI »
Tes efforts de participation à la vie de la maison, de la classe... sont importants. C'est bien... Il faut persévérer et prêter attention à tes points faibles.

Si tu as de 8 à 13 réponses « OUI »
Tu comprends qu'être responsable et participer activement à la vie de la classe et de la maison demandent de véritables efforts. Courage... tu peux rapidement améliorer tes performances.

Si tu as moins de 8 réponses « OUI »
Tu as peut-être été particulièrement sévère avec toi-même. Tu vois que la vie à la maison, à l'école, en société exige des efforts de chacun. En te fixant des efforts précis, tu dois pouvoir progresser rapidement si tu le veux.

Test : demain, un bon citoyen.

Demain, tu seras citoyen. Un bon citoyen, certainement. Tu peux, avec ce test, faire le point sur tes connaissances. Reporte les questions sur ton cahier et réponds par **OUI** ou par **NON**. Chaque question doit être notée avec une lettre (A à E) et un chiffre (1 à 5).

A Je serai un citoyen informé.

1 Je sais où sont les panneaux d'affichage municipaux sur le trajet de l'école.

2 Je regarde régulièrement les informations à la télévision.

3 Je suis attentif aux événements de la vie de mon village (fêtes, élections...).

4 Je lis de temps en temps des articles du journal familial ou du bulletin municipal.

5 Je sais retrouver une documentation à la bibliothèque centrale documentaire.

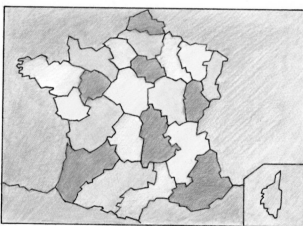

B Je connaîtrai mon pays, son histoire.

1 Je connais la capitale de la France et le chef-lieu de mon département.

2 Je sais dans quelle région je vis et quelle en est la capitale.

3 Je peux citer trois autres régions françaises.

4 Je connais la date de trois grandes fêtes nationales françaises.

5 Je connais trois des symboles de la République.

C Je connaîtrai le rôle des responsables.

1 Je sais qui représente la France dans les grandes cérémonies officielles.

2 Je connais le nom du Premier ministre.

3 Je connais le nom des deux assemblées parlementaires.

4 Je connais le nom du maire de ma commune.

5 Je connais le nom d'un député de mon département.

D Je serai électeur et peut-être candidat.

1 Je sais à partir de quel âge on peut être électeur.

2 Je sais comment est protégé le secret du vote.

3 Je sais comment est élu le maire de la commune.

4 En classe, avant de voter, je m'informe des projets des candidats.

5 J'ai déjà été candidat à un poste de bureau de la coopérative.

E Je serai un citoyen du monde.

1 Je peux citer au moins six pays de l'Europe.

2 Je peux citer cinq pays hors de l'Europe.

3 Je peux citer les départements d'outre-mer.

4 Je connais la signification du sigle « O.N.U. ».

5 Je participe aux campagnes de solidarité : lutte contre la faim dans le monde, U.N.I.-C.E.F. et autres...

--- **Résultats** ---

De 20 à 25 « OUI »
Tu sais déjà beaucoup de choses sur les droits et les devoirs du citoyen. Continue de t'informer sur la vie de ta commune, de ton pays, du monde, tu seras un citoyen responsable.

De 14 à 19 « OUI »
Pour participer de façon responsable à la vie de son village, de son pays, il faut s'informer sans cesse, écouter, apprendre. Tu es en bonne voie. Continue.

De 8 à 13 « OUI »
Tu as encore quelques années avant de devenir un véritable citoyen responsable. Tu dois être plus attentif à la vie de ton école, de ton village, de ton pays et compléter tes connaissances sérieusement.

Moins de 8 « OUI »
Ce n'est pas brillant... Heureusement, tu auras encore beaucoup d'occasions de compléter tes connaissances, de participer davantage à la vie qui t'entoure.

> Demain, tu seras citoyen français
> citoyen de l'Europe
> citoyen du monde

Nous espérons que ce livre t'aura aidé à y réfléchir.

Lexique

— a —

une assemblée ◆ **1.** Ensemble de personnes réunies au même endroit pour parler, voir un spectacle, écouter quelqu'un, etc. : *Aujourd'hui, c'est la fête au village : il y a une grande assemblée sur la place.* **2.** Ensemble de personnes qui se réunissent pour décider, pour gouverner, pour administrer, etc. : *L'Assemblée nationale vote les lois.*

— b —

le budget ◆ **1.** Ensemble des recettes et des dépenses (de l'Etat, d'une commune, etc.) pour un an : *Les députés ont enfin voté le budget : les impôts vont diminuer !* **2.** Argent dont on dispose pour faire face à ses dépenses : *Des vacances au Maroc ? C'est trop cher pour mon budget !*

— c —

un, e citoyen, enne ◆ Celui, celle qui a une nationalité déterminée, considéré en tant qu'il a des droits et des devoirs à l'égard de son pays : *Tu es citoyen français : tu devras donc faire ton service militaire dans l'armée française.*

collectif, ive ◆ Qui concerne plusieurs personnes et non une seule, qui appartient à la collectivité : *La classe a bien travaillé : le professeur lui a accordé une récompense collective.*

la commune ◆ La plus petite circonscription administrative, qui comprend une ville (ou un village) et le territoire situé autour.

un conseil ◆ **1.** Ce qu'on dit à quelqu'un pour le guider, lui faire connaître ce qu'il est mieux de faire. **2.** Groupe de gens qui se réunissent pour parler de certaines affaires et prendre des décisions. *Le conseil de classe. Le conseil des ministres.*

un, e conseiller, ère ◆ **1.** Celui, celle qui donne des conseils : *Ecoute bien les avis de ta grand-mère : elle sera pour toi une bonne conseillère.* **2.** Celui, celle qui fait partie d'un conseil : *Mme Dupuy, notre voisine, est conseiller municipal.*

une coopérative ◆ Entreprise formée par le groupement de plusieurs personnes qui s'unissent pour acheter ou vendre ou produire.

— d —

une démocratie ◆ Régime politique dans lequel tous les partis peuvent exister et s'exprimer librement.

démocratique ◆ Conforme aux règles de la démocratie.

— e —

l'État ◆ Le gouvernement et l'ensemble des organismes qui gouvernent un pays : *C'est l'impôt qu'assure des ressources à l'État.*

— i —

l'identité ◆ Nom et prénom, date de naissance, adresse d'une personne : *La police va vérifier l'identité de l'individu trouvé porteur d'un revolver de gros calibre.* ● *Carte d'identité* ● *Les papiers d'identité.*

— l —

une loi ◆ Texte, voté par le Parlement, qui dit ce qu'il faut faire ou ce qu'il est interdit de faire dans tel ou tel cas ● L'ensemble de ces textes : *Nul ne doit ignorer la loi.*

— m —

municipal, ale, aux ◆ Qui appartient à la commune, qui dépend de la commune : *Demain, grand match en nocturne au stade municipal !* ● *Conseil municipal :* conseil, formé de *conseillers municipaux* élus par les habitants, qui, sous la présidence du maire, administre la commune. ● *Élections municipales* élections par lesquelles on choisit les conseillers municipaux.

une municipalité ◆ Le maire et les conseillers municipaux.

— n —

la nation ◆ Etat, pays : *La France, l'Allemagne, l'Angleterre, l'Italie, la Belgique, la Suisse sont des nations européennes.*

national, ale, aux ◆ Qui concerne toute la nation, et pas seulement une région : *Ces grands travaux ont une importance nationale.*

la nationalité ◆ Appartenance à telle nation : *Notre petite camarade Pilar est de nationalité espagnole.*

— p —

un parlementaire ◆ Membre du parlement (député, sénateur).

la patrie ◆ Le pays dont on est citoyen et auquel on se sent appartenir.

le pouvoir ◆ Possibilité de gouverner un pays : *Le roi n'avait plus le pouvoir, c'étaient les rebelles qui dictaient leur loi.* ● ***Les pouvoirs publics :*** le gouvernement, l'administration.

— **r** —

un référendum ◆ Consultation électorale par laquelle on demande à la population de se prononcer sur une constitution, une réforme, une loi.

une république ◆ Régime politique dans lequel le pays est gouverné par un président et par une assemblée de députés élus par les citoyens.

— **s** —

un scrutin ◆ Vote : *Dépêche-toi d'aller voter : le scrutin est clos à 18 heures.*

un service ◆ **1.** Travail qu'on a à assurer : *Les employés quittent leur service à 18 heures.* **2.** Organisme qui assure une fonction : *Les services de sécurité sont en alerte.* ● ***Un service public.* 3. *Service militaire, service national :*** temps pendant lequel un jeune homme doit servir dans l'armée ou dans une organisation d'intérêt national.

la société ◆ L'ensemble de tous les hommes qui vivent dans un pays à une époque donnée : *La société française du Moyen Age était hiérarchisée.*

un suffrage ◆ **1.** *Le suffrage universel :* système dans lequel tous les citoyens majeurs ont le droit de voter. **2.** Voix (à une élection) : *Cette liste a recueilli 51 % des suffrages exprimés.*

(Définitions extraites du dictionnaire *Le tour du mot,* éditions Bordas, 1985.)

Références photographiques

Couverture : Illustration de Serge Bloch

6 2 g.   Ph. © FISE/UNICEF/Photeb
   2 dr.   Ph. © FISE/UNICEF/Photeb
7 4   Ph. Michel Didier © Photeb
8 2   Document édité et diffusé par le Comité Français d'Education pour la Santé, Paris 15ᵉ. Ph. Michel Didier © Photeb
   3   Document édité et diffusé par le Comité Français d'Education pour la Santé, Paris 15ᵉ. Ph. Jeanbor © Archives Photeb
50 1   © by Centre d'Information Civique, Paris. Ph. Jeanbor © Photeb
51 3   Ph. Michel Didier © Photeb
   4   Ph. Michel Didier © Photeb
57 3   Ph. © Rémi Michel/RAPHO
   4   Ph. Jeanbor © Archives Photeb
58 1   Ph. Michel Didier © Photeb
60 2   Ph. © Alain Dejean/SYGMA
62 2   Ph. © PIX/LA CIGOGNE
63 4   Ph. © Patrick Thiot/IAURIF
67 4   Ph. © Montagnard/A.A.A. Photo
   5   Ph. © P. Thomas/EXPLORER
   6   Ph. © G. Boutin/EXPLORER
71 ht. g.   Ph. © Jean Goumy/MAGNUM

   ht dr.   Ph. © René Burri/MAGNUM
   b. g.   Ph. © J. Andanson/SYGMA
   b. dr.   Ph. © René Burri/MAGNUM
72 2   Ph. © J. Guichard/SYGMA
73 3   Ph. Michel Didier © Photeb
   5   Ph. © R. Darolle/SYGMA
75 3 ht   Ph. Michel Didier © Photeb
   3 b.g.   Bibliothèque Nationale, Paris. Ph. © Bibl. Nat./Archives Photeb
   3 b. dr.   Ph. © FISE/UNICEF/Photeb
77 3   Ph. © P. Vauthey/SYGMA
   4   Ph. © Pierre Lamy/Antenne 2
79 4   Ph. © J. Andanson/SYGMA
80 2   Ph © J. Pavlovsky/SYGMA
82 2   Ph. © F. Poncet/SYGMA
83 3   Ph. Jeanbor © Archives Photeb
   4   Ph. © Laurence Reynaert/IAURIF
   5   Ph. © IMAPRESS
   6   Ph. © Thierry Boulley/FOTOGRAM
86 2   Ph. © Balkir/SIPA-PRESS
93 b.   Ph. © Parlement européen/Photeb

Maquette :
Conception Bruno Loste
Montage Christian Blangez
Recherche iconographique : Catherine Delleré

Dépôt légal : Septembre 1987
Imprimerie Hérissey, 27000 Évreux
Nº d'imprimeur : 43319
Achevé d'imprimer en Août 1987